30-minute Therapy for Anger
everything you need to know in the least amount of time

30分でできる怒りのセルフコントロール

Ronald T. Potter-Efron
ロナルド T. ポッターエフロン
Patricia S. Potter-Efron
パトリシア S. ポッターエフロン
Horikoshi Masaru
堀越勝 =訳
Kashimura Masami
樫村正美 =訳

原出版社より

　この本は，本の主題に関する正確で信頼のおける情報を提供するために出版されました。これは，発行者が心理的，経済的，法的，その他の専門的なサービスを提供しないことを前提に出版されています。もし専門的な支援，カウンセリングが必要であれば，適切な機関のサービスをご利用ください。

Distributed in Canada by Raincoast Books

Copyright © 2011 by Ronald T. Potter-Efron and Patricia S. Potter-Efron
New Harbinger Publications, Inc.
5674 Shattuck Avenue
Oakland, CA 94609
www.newharbinger.com

Cover design by Amy Shoup
Text design by Michele Waters-Kermes
Acquired by Jess O'Brien
Edited by Elisabeth Beller

All Rights Reserved. Printed in Canada.

Japanese translation rights arranged with
New Harbinger Publications
through Japan UNI Agency, Inc., Tokyo

目　　次

はじめに ……………………………………………………………… 5

パート1　問題となる部分を見つけましょう …………………… 7
　1　過度な怒りとその代償 ……………………………………… 8
　2　短気が引き起こす問題 ……………………………………… 12
　3　問題の強度と怒りの度合い ………………………………… 15
　4　怒ったときには「考える」か「計画する」 ……………… 18
　5　即座に，過度に，反応しすぎていませんか ……………… 22
　6　怒りすぎると人の話を聴けない …………………………… 26
　7　怒りっぽくなっていませんか ……………………………… 30
　8　見返りを知ること …………………………………………… 35

パート2　現実的なゴールを設定しましょう …………………… 39
　9　目標を立てる ………………………………………………… 40
　10　怒りに対処するためのゴールとは ………………………… 44
　11　置き換えの原則 ……………………………………………… 47
　12　怒りを受け入れる …………………………………………… 51

パート3　怒りを上手に使いましょう ………… 55

 13　怒りへの招待 ………………………………… 56

 14　タイムアウトを上手にとりましょう ……… 59

 15　ストレス状況での呼吸法とリラックス法 … 62

 16　怒りを持続させないようにする …………… 66

 17　相手の立場で考えてみる …………………… 69

 18　ネガティブな思考をポジティブなものに置き換える … 73

 19　そのほかの感情も見つける ………………… 78

 20　悪いことだけでなくいいことも探す ……… 80

 21　葛藤を取り除く ……………………………… 83

 22　話の主人公になろう ………………………… 88

 23　フェアな戦いのためのガイドライン ……… 92

 24　何のために怒っているのかを確かめましょう … 96

 25　深い恨みとその許しについて ……………… 99

 26　自分への怒りと自分を許すことへの挑戦 … 103

結びのことば …………………………………………… 106

訳者あとがき …………………………………………… 107

はじめに

　本書は，怒りにまつわる問題の扱い方を紹介する手軽なガイドラインです。たとえば，あなたがかんしゃく持ち，つまり短気だとしたら，よいタイムアウトを取るためにまずは14（59ページ）からチェックしてみてください。

　この本を使うからといって，ご自分のことを怒りをうまく扱えない人間だと決めつける必要はありません。何しろ，人間であれば誰もがときには腹を立てることがあるものです。われわれの大半はときに行き詰まるものですし，また自分の怒りをどのように伝えたらいいのか，どうしたらいいのか，わからないこともあります。この本の各章には，イライラさせるような状況から抜け出すための方法が掲載されています。

　本書は，大きく3つのパートに分かれます。パート1では，あなたがお困りのポイントを特定するために役立つ情報が掲載されています。怒りがあなたや他者にどのような問題をもたらすのか？　たとえば，腹を立てたときに怒りすぎることはありませんか？　怒っているときに，何かを考えることが難しかったりしませんか？　パート2では，怒りを扱うための現実的な目標設定について書かれています。パート3では，肝心な事柄として怒りに対処するために使える技法を取り上げています。

たとえば，怒りの他に抱く他の感情を特定すること，他者の身になって考えてみること，あるいは怒りを自分自身に向けてしまう場合に自分をどう許すかなどが，各章に掲載されています。

　さらに各章は，小さな単元に分けられています。1つ目は，その章で扱う話題に関する簡単な導入です。2つ目では，あなたがじっくり考えるために役立つアイデアを掲載しています。

　この本には多くのエクササイズ（内容を理解するための練習課題）が用意されています。その中には，単に特定の状況や心配される事柄を注意深く考えるように指示するものであったり，あなたの考えをこの本やメモ帳などに書き出すように指示するものもあります。あなたがどれくらい本書と向き合うかで，得られるものが決まります。

パート1

問題となる部分を見つけましょう

1 過度な怒りとその代償

知っておきたいこと

　本書は，怒りに対処するための簡単で効果的な方法を提供することを目的としています。この本を読み始めれば，おそらく自分の怒りが生活の中で問題を作り出していること，そしてときにそれが深刻なものになってしまうことがわかってくることでしょう。それによって，もはや問題を小さく見積もったり，考えないようにすることもなくなるでしょう。

　怒りは，ほぼ確実にあなたや他者に何らかの問題を引き起こします。まずは，あなたの怒りや攻撃性というものがどのようにあなたの生活をめちゃくちゃにするのかについて，よく観察するところから始めましょう。

- 配偶者，パートナー：口論，破局，身体的な暴力
- 子ども，継子：無用なケンカ，愛情の喪失，結びつきの喪失
- 原家族（両親，きょうだい）：終わりなき戦い，関係の遮断，きょうだいケンカ
- 職場，学校：同僚や同級生との口論，解雇や停学，昇進の失敗
- 法関係：警察への通報，触法行為，自宅謹慎
- 心身の健康：不安／抑うつの増加，怒りに関連した事故，高血圧
- 経済面：罰金，壊したものの修理，弁護士費用，怒りのマネジメントプログラムの料金
- 価値観や精神性：怒ったりカッとならないという約束を破る，怒りを爆発させた後の罪悪感と恥，神仏に対する怒り
- その他：＿＿＿＿＿＿＿＿＿＿＿＿＿＿＿＿＿

エクササイズ

あなたの怒りや攻撃性は，これまでどのような問題を引き起こしてきましたか？ まずはこの問いについて考えてみてください。

さらなる一歩のために

次に，怒りのネガティブな影響に関する知識をあなたがどのように用いると変化をもたらすことができるか？ についてお話しします。

....

エクササイズ

あなたがすぐに取り組む必要のある事柄はどれくらいあるでしょうか。最初からすべての問題に取りかかろうとはしないでください。代わりに，まずはどの問題に取り組みたいか選んでみましょう。自分に尋ねてみてください。「今，自分の怒りは人との衝突や何らかの問題，喪失，苦痛をどこで引き起こしているか？ 自分自身，あるいは他者に対してどんな不都合がありそうか？」

例：たとえば，あなたと家族との間で，あなたの怒りがひどくなる場合，家族に対して怒るのをやめると約束してみましょう。あるいは，あなたの皮肉な態度のせいで仕事を失いかけているとします。そこでとりあえず，職場では不快に思われる考えやコメントを心にしまっておくと自分に約束してみてください。そのことが，より深いレベルであなたに変化をもたらします。

次第に，同僚に対して意地悪なことではなく，よりポジティブな考えが浮かび始めるはずです。

....

　最初に伝えておきたいことがあります。あなただけが，あなたの怒りの管理者なのです。もちろん，それにはいいこともあれば悪いこともあります。あなたの人生をよりよいものにする全責任を自分が負うことができることは，よいとも言えますし，あなたの問題に関して他者を責めることができないことは都合の悪いこととも言えます。怒りを上手に扱っているように見える他人と比べてしまうことがあるかもしれませんが，完璧な人はいません。たとえば，あなたのパートナーが理由もなくイライラしているといった，気分の悪い1日を過ごしているとします。ここで鍵となる質問は，あなたはそのことに対してどんな行動をとるか，です。あなたはそれを受け入れますか？　それとも怒りで反応しますか？　嫌味で反応しますか？　あるいは攻撃しますか？　もしくは，腹を立てるようなことでもないので水に流しますか？　あなただけが自分自身で決めることができるのです。それによって，あなたがどれくらいの頻度で怒ることになるのか，そして怒ることで自分や他者にどれほどのダメージを与えることになるのか，結果が変わります。

2 短気が引き起こす問題

知っておきたいこと

　頻繁に人に苦しみを引き起こす怒りの問題は，短気です。何か煩わしいことが起こると，「どかーん」とかんしゃく玉のように爆発します。実際，怒りというものは素早く生じるものなので，ときにそのかんしゃく玉は突然爆発します。

　短気は，すぐにカッとなる性格とも言われます。些細な何かがあなたを苛立たせても，そのことは他の多くの人にとっては単に無視できるようなことだったりします。

　あなたにとって，よくある怒りの引き金は何でしょうか？　目覚まし時計が朝の6時に鳴ることですか？　あなたのお子さんが朝食時に騒いでいることですか？　通勤途中の邪魔な人ですか？　あなたがしたいことを妨げるような仕事上の些細な問題ですか？　TVのリモコンを見つけられないことですか？　お金が厳しいときに支払いに頭を抱えるときですか？　睡眠不足で不機嫌になったりイライラするときですか？

　あなたはどれくらいの頻度で腹を立てるでしょうか？　1時間に一度でしょうか，1日に二度程度でしょうか，毎朝，あるいは夜遅くにでしょうか？

エクササイズ

　1週間，小さなノートとペンを用意しましょう。毎朝，新しいページから始めます。いつもそのノートを携帯しましょう。あなたが腹を立てたとき，どんなに些細な怒りでもいいので，記録を残しましょう。もし時間があるなら，あなたの怒りの引き金になった出来事について追加情報を書き加えてみてください。一番大事なのは，あなたが毎日どの程度腹を立てるかを集計することです。

さらなる一歩のために

　自分の怒りを理解するために，ノートを使います。

エクササイズ

　ノートを使うことで，怒りを追い払ってくれるようなポジティブなことをあなたがどれくらい言えたかを理解することができます。たとえば，あなたが家族の誰かをほめるようなときがあれば，それもチェックします。不快な口論を避けるために，あなたが取ったいずれのタイムアウト（59ページ参照）もノートに書き留めます。落ち着くために深呼吸を行ったり，リラクセーションのためのエクサ

サイズを行ったことも書いておきます。また，怒っているときに冷静でいるために用いた考え方を書いておくのもよいアイデアです。こうした怒りに対してポジティブな選択をすることで，あなたの怒りに対する行動をポジティブなものに置き換えるのに役立ちます。

　ここで1つ注意をしておきます。自分のすぐカッとなる性格を完全に排除できるとは期待しないでください。あなたが怒らないようにしていたとしても怒りは生じます。誰かにネガティブなこと（少なくともあなたがネガティブだと思うこと）を言われて「どかーん！」となりますが，そのときにいつものアドレナリン（副腎髄質から分泌されるホルモン。ストレス反応の中心的な役割を果たす）の激流が生じます。それによって筋肉が緊張し始め，攻撃したい衝動に駆られるでしょう。しかし，それはアドレナリンの激流が生じただけであって，あなたがそのように振る舞うことを意味するものではありません。アドレナリンはただ静脈に流し込んでおけばいいのです。そのときの気持ちに気づいてください。少し距離を取って，まるで他の誰かにそれが起こったかのように自分を観察してみましょう。おそらく30秒程度で，アドレナリンの活性化は低減していきます。空に浮かぶ雲のように，間もなくそれは過ぎ去ります。大事なことは，あなたが「攻撃したい」という衝動をうまく扱うことです。そのことが，怒りに対処するということなのです。

3 問題の強度と怒りの度合い

知っておきたいこと

　怒りとは感情です。それは，あなたの身に何かおかしなことが起こっていることを伝えています。また，感情は何かを行動に移すためのエネルギーになるものです。しかし，怒りは適切なところで維持させることが重要です。そうしなければ，ちょっとバカにされたことですぐさま腹を立ててしまうことでしょう。その結果，反応し過ぎてしまうことになります。

　0から10までの点数を用いて，今のあなたの怒りがどれほど強いかを測ってみましょう。0は"まったく怒っていない"，5は"確かに怒っているけど，まだ十分にコントロールできる"，そして10は"激怒していて，完全に手がつけられない"ことを示します。

　怒りにまつわる問題を抱える人は，一貫して自分の怒りを7，8，9，10と評価します。それはまるで，小さな怒りなどこれまで体験したことがないと言っているようです。そのような人は些細な攻撃でさえ，かなり腹を立てやすい傾向にあります。

　ここで別の質問をします。あなたの怒りの引き金となっているその問題は，どれほど深刻なものなのでしょうか？　0から10の点数で評価してみましょう。

評価できましたか？　問題の深刻さが小さいのに，一貫して強い怒りを感じているのであれば，あなたは怒りに対して反応しすぎていることになります。

さらなる一歩のために

　怒りを評価する別の方法としては，"温度計"があります。人が怒りに関する話題を持ち出すとき，その温度に関するたとえ話が用いられるときがあります。たとえば，"煮えたぎるようだった"，"すごく熱くなってしまった"，"とても冷静でいられた"，"頭から湯気が出た"，"カッとなった"などです。怒ったとき，体は熱くなります。これは，怒りが脅威や危険を察知したときに出てくる反応だからです。危険な状況は"闘争か逃走"反応（生命の危険を脅かす外敵から身を守るために、外界のさまざまな情報をストレスとして察知して危機に対応する反応。緊急事態が収まればこの反応は消え去り元に戻る）を引き出します。これは，体にエネルギーが供給される仕組みで，脚は逃げるために，腕は強くなるために，など体中は何かしらの行為に向かうための準備状態となります。頭を悩まされているときに熱く感じるのは自然なことなのです。

　ここで紹介した0から10の数字では自分の怒りを測定するのにしっくりこない場合，代わりに以下のことを試してください。

たとえば，怒っている状況で自分がどれほど熱くなっているかを自問してください。あなたがその場にいるとき，余計なことを言わないように，あるいは余計なことをしてしまわないようにするためには，どれくらい温度を下げる必要があるのかを自問してみてください。

いろいろな状況において，自分がどれくらい怒っているかを測定するのに役立つ，自分なりの怒り測定器を考えておくとよいでしょう。

怒りの温度計

100（激烈）

80（焼けるような）

60（燃えるような）

40（湯気が出る）

20（ぬるい）

0（冷たい）

4 怒ったときには「考える」か「計画する」

知っておきたいこと

　考えたり計画したりすることをつかさどる，脳の最重要部位は「前頭葉」です。考えたり何かを計画するときにはここを使います。残念なことに，かなり腹を立てているときには，前頭葉を十分に活用することができなくなっています。単に興奮した状態となってしまうのです。副腎と呼ばれる器官から大量のアドレナリンが放出されると，あなたは高機能な思考マシンから防衛的で生存（生きるか死ぬか）を重視する動物に変わってしまいます。時間が経てば，生存のために駆り立てられたその状況下であなたが言ってしまったことやしてしまったことを後悔することもあるでしょう。しかし今は，脈拍は増加し，心臓はどきどきして，声は大きくなり，目の前の人を敵だと見なしてしまうのです。

　ここで重要なことは，何らかのもめごとの最中に，自分がもう考えられない，計画もできない，問題も解決できないレベルにまで怒りが達しているかどうかを認識することです。"自分の体に注意を向ける"ことで，認識することができます。もし何もできないレベルにまで達してしまったら，冷静さを取り戻すまでタイムアウトを取った方がよいでしょう。

エクササイズ

今後，あなたが腹を立てるときがあれば，自分の体に注意を向けてみましょう。どのように探り当てればよいかを以下で紹介します。

さらなる一歩のために

注意を向けるのは，表情，体，そして思考です。そうすることで，気持ちのコントロールにもつながります。

人によってサインも異なります。このサインとは，あなたがあまりに興奮しすぎて，うまく考えられなくなり始めることを教えてくれる，表情や体の手がかりのことです。以下の特徴にあてはまるものがありますか？

- □ 目が細くなり，腹を立てている相手をにらみつける
- □ あごがぎっちり締まる
- □ 顔が赤くなり，顔が熱くなってくるのを感じる
- □ 唇や口元が締まってくる
- □ 声のトーンが変わる
- □ 呼吸が早くなる（過呼吸になることも）
- □ 心臓の鼓動が速くなる

□体全体が震えだす
□殴りかかる寸前になる
□相手を指さしたり，大げさな身振り手振りを取り始める
□お腹が痛くなる
□筋肉が緊張し，殴りかかろうとするのをこらえようと体がうずく
□その他（何がありますか？）：

あなたの思考に何が起こっているかにも注意を向けましょう。以下の特徴であてはまるものはありますか？

□言葉にするのが難しい。怒れば怒るほどに自分が言いたいことを言うのが難しくなる。言葉がつまったり，早口になったり，会話を完全にやめてしまう
□相手に対して意地悪で不愉快な考えを思い浮かべる
□どんな手段を使おうが，相手を打ち負かすところまでこぎつける
□相手の言っていることは耳に入らず，相手の考えなどには注意も向かない
□汗をかきだす（自分の思考が急速に弱っている確かな証拠）
□どんなに腹を立てているかに注意が向き，現在の問題解決には注意が向かない
□抑えがきかなくなっていることはわかるが，それを気にしない

□その他（何がありますか？）：

　このような体と心の手がかりに注意を向けましょう。そうした手がかりは，どのようなときにあなたがクリアに物事を考えることができなくなるかを教えてくれます。あなたの脳を利用するためには，そこにとどまって戦い続けるよりも，その場から離れる方が賢明といえるでしょう。

5 即座に，過度に，反応しすぎていませんか

知っておきたいこと

　できることなら，怒っているときは少しの間，口を閉ざしておきたい。しばしば第一声で後悔することになる。

——サラ

　妻は，私が早口で罵ったり物を投げることを嫌がる。私は取り乱し過ぎだと言われる。でも，腹を立てたら何かすべきだろう？

——トニー

　サラの問題は，彼女をイラつかせることに対する自分のネガティブな反応の切り離し方がわからないところにあります。彼女は相手の行動に対して即座に攻撃された，あるいは侮辱されたと感じやすいのです。彼女は，自分が何かをする前に落ち着いたり，その状況を冷静になって考えたりする"内なる声"が不足しているようです。

　トニーはまるで，自分の頭の中にオンとオフのスイッチを持っているかのように振る舞います。しかし，よくできた制御装置とはいえないようです。彼は怒ると激怒し，取り乱します。

さらに，彼は自分は単に冷静さを失っているだけだと自分自身を認め，自分の怒りを正当化しています。

エクササイズ

あなたはサラに似ていますか？　もしそうなら，このフレーズを思い出してください。"怒ったときには時間稼ぎをしよう"。これは，あなたが怒ったときにあなたが何かをしてしまう前に思い出してください。少なくとも1日に何度かこのフレーズをつぶやきましょう。

もしあなたがトニーのようであれば，このフレーズを思い出してください。"自制を保とう"。あなたの行動すべてに対してあなたには責任があります。早口で罵るのも選択の1つではありますが，それは最良な方法ではありません。少なくとも1日にこのフレーズを何度かつぶやいてみましょう。

さらなる一歩のために

ここでは2つの問題を紹介しました。すぐに怒ってしまうこと，そして強く反応しすぎてしまうことです。これらは，自分に対して脅威的な出来事が起こったときに，その状況に対して

反応してしまうために，しばしば引き起こされます。

　あなたの脳は時には問題を誤って解釈してしまうこともありますし，必要以上に問題を大きく捉えてしまうことがあるかもしれません。冷静になる必要があるのです。

　脅威を扱う脳には，2つの経路があります。1つ目は，速い経路です。ここでの神経伝達は視床下部（間脳に位置し，自律神経系の調整を行う）から，扁桃体（アーモンド形の神経細胞の集まり。感情の処理と記憶に主要な役割を果たす）に直接届き，咄嗟の判断で身体が動きます。この経路は，あなたが今まさに危険な状況に直面している場合には，とても重要です。

　一方でもう1つの経路があります。これは神経伝達にも時間がかかりますが，これは脳の中の新しい領域を通過するためでもあります。これによってより高次の処理が可能になり，より計画的な反応が生まれます。速い経路は急な危険，遅い経路は大きな脅威を生じさせない危険，たとえば日常生活に見られる個人的なイライラの類ですが，そういった状況でよりよく機能します。

　速い経路による反応をとめるのは難しいでしょう。なぜなら，それは気づかぬうちに生じるものだからです。ですから，あなたが怒りのコントロールにおいて成すべき仕事は，遅い経路を選択しようと努めることなのです。その選択により時間が生まれることによって，あなたの怒りの状況へのよりよい対応を見

つけることが可能になります。タイムアウトを取ること（59ページを参照）は，すぐに反応をしてしまうリスクを減らす最善の方法です。

エクササイズ

　腹が立ったときに，このように自分に言葉をかけてみてください。「ちょっと，頭が完全に誤解しちゃってるみたい。今は危険ではないしパニックになる必要もない，過剰に反応する必要もない。何か言ったりする前に時間を取ろう」。これはあなたの脳が過剰に反応してしまうのを意図的に封じるものです。神経の流れを速い経路から遅い経路へと流れるよう，あなたの脳を仕向けることができます。ただ，この作業は簡単ではありません。速い経路で一度伝達がなされてしまえば，あなたの身体はすぐに戦闘態勢に入ります。自分の脳に対しては断固たる態度を取る必要があります。それはまるで教えが必要な子どもに，正しい道を示してあげるようなものです。あなたの脳の中の遅い経路をまずは探し当ててください。繰り返すことでそれによる時間もかからなくなってくることでしょう。怒り始めたときでも，あなたの脳は次第にいいアイデアをもたらし，自動的に遅い経路を通るようになります。

6 怒りすぎると人の話を聴けない

知っておきたいこと

　怒りはメッセンジャーです。あなたの生活の中で何かおかしなことが起こると，それをあなたに伝えてくれます。怒りは，危険な状況にあること，あるいは何かが行く手を阻んでいることを私たちに知らせてくれます。怒りは，その脅威となるものと戦うこと，あるいは行く手を阻むものを取り除こうと行動をとることを提案するのです。ただし，ここには1つの問題があります。怒りは声の限り叫んであなたにこうしたメッセージを送ります。それは，「私の言うことを聞いて！　聞いて！　ねえ聞いてよ！」と。

　一方で，あなたのパートナー，友人，職場の同僚，お子さん，きょうだい，お客さん，あるいはまったくの他人であっても，あなたが腹を立てることについて，あなたと話をしようとしています。問題なのは，怒りが生じると，そうした人の声に耳を傾けられなくなることなのです。それはまるで，あなたが大音量の音楽をヘッドフォンをしながら聞いているところに，彼らは語りかけようとしているのと同じです。

　そのヘッドフォンを外しましょう。それは，怒りを追い払う

ことでもあり，他者が言おうとしていることに耳を傾けられるように少なくとも音量を下げることです。

こんな感じでしょうか。

1．時間を取るために小休憩を設けましょう。休憩のできる場所に行きましょう。外に出ましょう。
2．一人になれるなら，2, 3回深呼吸をして，リラックスしてみましょう。
3．「怒りよありがとう！ あなたのメッセージは受け取りました．それ以上は大声を出さないでください。考える時間が必要ですから」と声に出して言うか，頭の中でつぶやきましょう。
4．元の会話に戻りましょう。今度はちゃんと相手の話に耳を傾けてみましょう。

さらなる一歩のために

ときに，小休憩が不十分なこともあります。もう言い合いにならないよう，理性的な会話をしようとしても，冷静さをまったく取り戻せないこともあるでしょう。そのような場合には，少し長めのタイムアウトを取る必要があります。しかし，一度怒ってしまうとなぜそこまで鎮まるのが難しくなるのでしょうか？

激怒してしまうと，よく考えられなくなる，あるいは生産的な会話ができなくなることは当然のことです。強い怒りは生存のための原始的な衝動を引き出します。その怒りのゴールはそのときに生き延びることであり，お互いに納得のいく解決を見出すことではありません。そのため，身体は戦闘か逃走のモードに移行します。筋肉は緊張し，過度に警戒的になり，血圧が上昇します。ひとたび血圧が過剰に上昇してしまうと，有意義な会話はもはやできなくなります。ここで必要なのは"戦うか考えるか"なのです。

　"洪水"という言葉はこの問題を表すのに適しています。それは，あなたの怒りがあなたの頭の中の川にたとえられます。その川はときに，土手を超えるまで上昇して，"論理"，"歩み寄り"，"思いやり"，"平穏"といった名前のついた町を襲います。

　中には，その洪水の流れがゆっくりの人もいます。自分の怒りの川が速いのか，遅いのかを考えてみましょう。最悪の状況は砂漠にあるような細い渓谷に流れ込むような怒りの川を持っていることでしょう。あるときはその深くて細い渓谷を安全に歩いていても，次の瞬間にはあなたのいるところに向かって滝のように流れる水が押し寄せてくるかもしれません。あなたは生活の中でそれに対処していく必要があります。

　その怒りの洪水はどれくらいで引いていくものでしょうか。

それはあなた次第です。かなり激怒しても，数分で引く場合もあるでしょう。しかし，その洪水が引くのに24時間，48時間とかかる人もいます。

....

エクササイズ

　ここで重要な点は，その洪水がどれくらいで引くのかということです。あなたは自分の答えを知っていますか？　もし知らないのであれば，次にあなたが腹を立てたときに自分の脈拍数を計測してください。1分間に100回以上の脈拍数があるようであれば，タイムアウトをとってリラックスするようにしてください。そのまま，100回以下に落ち着いてくるまでどれくらい時間がかかるかを見るために，その計測を続けてみましょう。しかし，あなたを怒らせたことについて再び考え始めると，再び脈拍数は上昇してしまうことを覚えていてください。

....

7 怒りっぽくなっていませんか

知っておきたいこと

　怒りは何かおかしなことが起こっていることを知らせる信号のようなものです。怒りによるメッセージは「ねえ，何かが行く手を阻んでいるよ。それを取り除きたいんだけど」です。ここでの目標は，あなたがその信号を受け取り，生産的な方法で怒りを取り除くことです。

　しかし，もしうまくいかなかったらどうなるでしょうか？　たとえば，あなたには10代のお子さんがいて，自分の部屋を数日も片付けていません。あなたは腹を立てます。あなたはお子さんに部屋を片付けるよう指示します。子どもはそれに従わずにただ文句を言って立ち去ります。その3日後，お子さんの部屋は汚いままです。あなたはかんかんに怒っています。再び片付けるよう指示をしますが，何度も無視されます。

　あなたの怒りはゆっくりと強い恨みへと変わっていきます。この恨みとは，拡張された怒りのようなものだと思ってください。短距離走がどうしてマラソンにならないといけなかったのか。

　この恨みの扱い方，特に"許し"の使い方については後ほどご紹介します。まずは，この憤りに苦しむあなたの主な特徴を特

定しましょう。以下の特徴にあてはまるものはあるでしょうか。

- 相手に対する怒りの気持ち,考えが行き詰まった感じがする,そうした気持ちや考えを取り除くことができない
- 相手のよい面を無視して,相手の悪い面ばかりを考えてしまう
- 腹立たしいその相手のことを,実際に嫌いだと思うことがある
- あなたの生活はその相手のことが嫌いだという考えで大部分の時間を費やし,苦しい思いをしている

　もし,上記の特徴に1つ,あるいはそれ以上あなたにあてはまるものがあれば,あなたの怒りは恨みに変わっていることでしょう。

さらなる一歩のために

　「あなたの脳を無料で誰かに貸してはいけない」。これは,われわれがAA(アルコホリクス・アノニマスの略。飲酒問題を解決する相互援助の集まり)のオープンミーティングに以前参加した際に初めて聞いた言葉です。話し手のエドは,自身のアルコール依存症について述べていました。彼は,ここ10年間で何度も再発したといいます。エドが飲酒に戻ると,これまで大きくなりつつあった恨みが消えたと言います。彼によると,最

初のうちは怒りが頭の中を転がる小さな石ころのようだったのに，だんだん大きな岩に姿を変え，最後には山となるそうです。憤りが大きくなればなるほど，多くの時間とエネルギーが必要になり，エドは毎日の多くの時間をいろいろな人のことを考えて費やしていることに気づきました。彼の元妻，前の雇用主，疎遠になった娘などです。そして，そうした人たちがいかに自分を不当に扱ったかについて考えていました。彼はそうした人たちのことを悪として考え始めました。そして彼は言います，「自分の憎しみを全部食いつくした」と。怒りが彼の頭や体をのっとったかのように，感じていたのです。それからエドは再発します。彼自身の苦しみを忘れるため自暴自棄にお酒を飲みました。しかし，これが裏目に出ます。「飲めば忘れる，でも飲めば飲むほど怒りが大きくなる。だから，今度は自分が飲んでいることを忘れるためにもっと酒を飲む」。幸い，エドは5年間の禁酒に成功しました。彼の成功には，恨みを解き放つ時間を毎朝，毎晩取ること，そして生活の中で起きた良いことに感謝する時間を取ったことが挙げられます。

　エドの物語には，2つの主要な教訓が含まれています。

1．「恨みにしがみつくと人生が壊れる」

　　これは明らかです。恨みを解き放つことで，自分が時間とエ

ネルギーをいかに浪費しているかがわかります。ただ残念ながら，あなたが恨みを抱えたままではそのことがわかりません。かわりに，自分の怒りを正当化したくなるでしょう。「あいつらが私にしたことを考えてみて」とあなたは思うかもしれません。「どうしたらあいつのことを考えなくてすむの？」「どうしたらあいつを嫌うのを止められるの？」と。あなたの恨みは，絶望で海に浮かぶ救命ボートのように感じられるかもしれません。でも，その水深は実はそんなに深くないのです。そのボートから降りるだけで，簡単に岸まで歩いて渡れるはずです。

2．「恨みを解き放つには，日頃の習慣があると役に立つ」

　恨みはかなり巧妙でしぶといものです。最初は，ほとんどの人が恨みを片付けようとしてもできません。恨みはあなたの心の周辺をうろうろとしていて，元に戻る機会を探っているのです（まさに依存です。これは，依存からの回復においても恨みがかなり問題になる理由でもあります）。エドは1日に2回，彼の恨みではなく1日の良いことに対する感謝の気持ち，そして生活の中の怒りにではなく楽しみを思い出すことを日課として設けました。

エクササイズ

恨みの救命ボートから降りてみましょう。あなたの恨みを解き放つのに役立ちそうな習慣，日課はどんなものですか？ 以下の記入欄に書き留めておきましょう。

8 見返りを知ること

知っておきたいこと

　あなたがカンカンに怒ったとき，いつも何らかの罰を受けるのであれば，腹を立てることも簡単にやめられそうです。しかし，現実はそれよりもさらに複雑です。なぜなら，あなたは怒ることで得ている見返り（報酬）があるからです。だから怒ってしまうことが続きます。とにかく，重要なのは，自分が怒ることでどんな報酬を得ているのか気づくことです。気づいた上で，そうした報酬を受け取らないと意思決定をすることで，あなたの生活はよりよいものになるでしょう。

エクササイズ

　ここには怒ったり，怒り続けることで得られる見返りをあげています。あなたにあてはまるものはありますか。

　□怒るとほしいものが手に入る
　□自分の居場所を確保するために他人を押しのける
　□怒ることで他人に自分の言うことを聞かせようとする

- □ 怒ることで放っておいてほしいと人に強要する
- □ わが道を行く（怒ることで人に何も言わせない）
- □ 怒ると自分の思いのままになる
- □ 怒ることで，不安や悲しみといった他の気持ちがなくなる
- □ 怒ることで他人に対する力が強くなる
- □ 怒ることで，相手を怖がらせることが好き
- □ 怒ったときには自分の行動に責任を持たなくてよい
- □ 恥や罪悪感，自己価値の低さなどを怒りで隠している
- □ 怒りで地位を得ることができる（他人が自分を尊敬して扱う）
- □ 怒ったときの生きている感じや力がみなぎる感じが好き
- □ 怒ると，まわりはもっと自分に注意を向ける

あなたに最も当てはまりそうなものを上記の見返りから選んでください。

さらなる一歩のために

自分の見返りに気づきましたか。ここで，1で最初に紹介したエクササイズに戻ってみましょう。これまで自分の怒りのせいで受けた罰を振り返ってみましょう。あなたが追い払った人

たち，経済的な損失，精神的な苦痛，あなたが怒ったことで受けた不必要な苦しみなどを再び考えてみましょう。こうした罰は，あなたが怒りから得られる見返りをはるかに超えたものになってはいませんか。そもそも，なぜあなたはこの本を読んでいるのでしょうか？

それから，なぜあなたは見返り以上に罰を受けてまでその怒りに長いことしがみついているのでしょうか？ おそらく，その理由は最初に報酬が得られることにあり，罰は怒り続けた後についてくるからでしょう。最初に怒鳴り，後から後悔する。すぐに得られる満足は長期的なウェルビーイング（健康の定義に使われる概念で，身体的・精神的・社会的に良好な状態のこと）に勝ります。これについては，コカイン中毒や衝動買いを想像するとわかるでしょう。

もちろん，あなたの怒りは，見返りを求めるためだけのものではないかもしれません。あなたの怒りは取り去ることが難しいくらい奥底に染み込んでいるのかもしれません。怒ることは，自動的です。おそらく，やっても意味のないことであろうと，あなたは怒りでいろいろな物事に反応しています。あなたの怒りは人生において"初期設定"されており，その感情はあなたが怒りとの上手なつきあい方を習得するまで常に続くことでしょう。もしそうであれば，上記の見返りというのは，全体像の一

部にしかすぎません。一度怒りが習慣として身についてしまうと，見返りが得られなくなっても数十年間は続くでしょう。ですが，怒りと上手につきあう方法があるのです。

エクササイズ

　24時間，一度も怒らないように過ごしてみましょう。自分の気持ちに気づいてください。他人が言うこと，することに対する自分の反応を観察しましょう。もしあなたが怒りに関して本当に悪い習慣をお持ちであれば，自分で思っている以上に怒ることを止めることが非常に難しく感じることに気がつくでしょう。すぐに怒りだすでしょうし，あなたが止めようとする前にあなたの口から不快な言葉が自動的に出るでしょう。もし怒りに関するそうした習慣がまだないのであれば，怒らないで24時間を過ごすのはきわめて簡単です。

パート2

現実的なゴールを設定しましょう

9 目標を立てる

知っておきたいこと

　怒りをコントロールすること，抑えること，あるいはうまく対処することに関する書籍はこれまでにも多く出版されています。怒りのコントロールに役立つものとして，少なくとも100の技術と戦略を記すことができるでしょう。あまり怒った考えを持たないよう，よりよい行動を計画するためには考え方を見直す方法があります。他には，もっとポジティブで楽観的に世界を見るようになる方法を探索するのに役立つ方法もあります。自分の怒りを行動として出すのではなく，受け入れることに役立つスピリチュアル（スピリチュアルとは英語で"霊的"な意味合いを持つが，日本語で言えば個人の持つ態度や価値観といった意味合い）な方法もあります。ここからは，方法のいくつかを紹介していきます。

　まずは最初の話題です。怒りに上手く対処するという目標を立てる準備はできていますか？　準備ができたら，次のエクササイズに取り組んでみてください。

エクササイズ

私，（あなたの名前）＿＿＿＿＿＿＿＿は，（日付）＿＿＿＿＿＿＿のこの日，自分の怒りや攻撃性をコントロールするために目標を立てます。他人の言動にもう怒りすぎないと，毎回理性的になるよう努力します。我を失うようなことはしません。自分の過去や現在の無責任な行動にもう言い訳はしません。自分の怒りをコントロールするために役立つ新しい考えと行動を練習し，毎日行います。

さらなる一歩のために

あなたが今まさに立てた目標は，健全で効果的な怒りの対処法を生み出します。この目標によってあなたの脳と心は変わることでしょう。これは手ごわい課題かもしれません。あなたが過去に止めた，あるいは抑えた悪い習慣を一つ考えてみましょう。それは喫煙や，先延ばし癖かもしれませんし，ひょっとしたらあまりに悲観的であるといった心の癖かもしれません。あるいは，自尊心を低く見る癖を止めたことかもしれません。

ここで，自分がどのようにして変わることができたのか，自問してみましょう。おそらく，以下の3つの組み合わせだったのではないでしょうか。

1. 変わるために強い目標を立てた
2. 変わるために必要な考えを知るまで，その問題をよく研究した
3. 何度も何度も努力し，その問題にしがみつくことで成し遂げた。たとえば，禁煙するにあたり，何らかの道具（パッチなど）を利用したか，いつも煙草を買う店に近づかなかったか，など

これが，あなたの怒りにまつわる問題を解決する方法です。目標を立てましょう。計画を練りましょう。最後までやり遂げましょう。

....

エクササイズ

はじめに目標を立てました。次に，あなたが最も変わる必要があるものを選ぶ段階に進みましょう。以下の問いに対して，あなたの答えを書いてください。

○考え

落ち着くために，今までとは違った考え方をする必要がある。そうするのに役立つ考え方は以下の二つである。

_____

_____

○気持ち

　いつも怒っているだけではなく，他の気持ちにも目を向ける必要がある。

　自分の生活に最も必要な気持ちは，以下の気持ちである。

_____

_____

○行動

　怒りは言葉と体の攻撃を生み出す。

　怒ったとき，攻撃する代わりに以下のことをしよう。

_____

_____

○こころ

　怒るのにも，落ち込むのにも，不機嫌になるのにも，意地悪になるのにもうんざりだ。

　自分はこれから以下のように感じたい。

_____

_____

10 怒りに対処するためのゴールとは

知っておきたいこと

　怒りという感情は，たいてい一時的なことです（恐怖も同様ですが，悲しみには見られません。これは押し寄せては引いていく波のようにたとえられます）。怒りのエピソードは，①かなり明確な始まり（「あの子は私をだらしないと言ったのよ，超ムカついた」），②感情の激化（「煮えくりかえるような思いでした」），そして③明確な終わり（「1時間くらい怒っていたけど，しばらくしておさまった」）で構成されています。この情報を基にして，自分の怒りへの対処法を考えていきましょう。

　まず，あまり怒らないようにするという目標は立てたでしょうか。大体は1日平均して5回は腹を立てたり，気分が悪くなることがあると思います。想像してみてください。1カ月の間，その回数が1日に2回まで減ったとしたら，またそれがしばらくして1週間に1回まで減ったとしたら，あなたの毎日はどのように変わっていくでしょうか。怒ったとしても落ち着いて考えたり，話したりすることができれば，気分がもっと良くなると思いませんか？

　次の目標は，怒り続ける時間を短くすることです。これは，

あなたが長いこと怒り続けてしまう場合に特に大事なことです。

　ここでもう1つ，怒りに対処するための目標を考えてください。それは，怒っても危害を加えない，というものです。この目標は，あなたが怒ったときに物を壊したり，壁を殴りつけたり，他人を傷つけたりするなどの癖を持ってしまっているなら，とても重要なことです。言葉による暴力は，体による暴力と同じくらい，私たちの愛する人たちを傷つけます。

エクササイズ

　上記の目標について考える時間を設けましょう。あなたにとって最も重要な目標になりそうなものから始めましょう。

さらなる一歩のために

　これらの目標を達成するのが難しい理由を，いくつか簡単に説明します。

- あまり怒らないようにする：怒りがほぼ自動的に起こるような強力な癖がついてしまっているかもしれません。

- 怒りすぎないようにする：体には怒りの「オン／オフ」のスイッチしかないように感じられているためです。それは好ましくありません。
- 怒り続けないようにする：たとえば口論の際，最後に一言言ってやりたい，またはその口論に負けたくないという強い欲求があるためです。
- 危害を与えないようにする：怒ると本当に相手を傷つけたくなるため，ひどいことを言うことに抵抗がありません。

エクササイズ

　あなたが最悪な気分のときに，自分のお腹の中を想像してみて，どんな不快なもので満たされているか見てみましょう。他人を殴りたい，傷つけたいと思っている自分の意地悪な姿が目に浮かびますか？　他人をやっつけた自分がどう見えますか？　怒りや攻撃性を減らそうとしているというのに，あなたの"内にいる最低な自分"と一緒に何をしようとしているの？　と自分自身に尋ねてみましょう。

11 置き換えの原則

知っておきたいこと

　怒りに関する問題を抱えた人の多くが，1つの目標を念頭に置いています。彼らはあまり怒りたくないのです。極端に言えば，彼らはもう二度と怒りたくないと思っています（もちろん，それは不可能です）。ですが，怒りを弱めるだけでは，その目標をかなえることはできません。彼らが持っているネガティブな考え方，気持ち，行動を前向きな目標と置き換えることが必要です。怒らないで済むような低エネルギー空間を作るだけでは，ポジティブなことは何もできないでしょう。ネガティブなエネルギーをポジティブなエネルギーに置き換えるこのプロセスを，「置き換えの原則」と呼んでいます。

　1日のうち，イライラした気分，嫌な考え，意地悪な態度，不要な口論などで怒りにどれくらい時間をかけているか考えてみてください。今度は，その時間で何ができるか，を考えてみてください。新しい行動，違った考え方，新たな気持ちを想像してください。たとえば，その新しい行動は，お子さんとボール遊びをすることかもしれません。新たな考え方は，「ねえ，これ面白いね」と思うことかもしれません。新たな気持ちは，自

分の家族に囲まれて幸せを感じることかもしれません。

さらなる一歩のために

　"シンプルでわかりやすいもの"，これが置き換えの原則に従う際にとても重要になります。

　以下の例を見てください。ブッチという名の男性は禁酒を決意しました。ブッチは本当に禁酒したいと思い，ある日，ブッチはきっぱりと止めました。素晴らしいことです。彼はやり遂げたのです。ブッチに人生はどう変わったかと聞いても，彼は特に何も変わらないと言います。彼は自分のライフスタイルを少しも変えてはいませんでした。実際，彼は今でも週に何度か彼のお気に入りの酒場に足を運んでいます。「だってあそこはおれの友人たちがこぞって集まる場所だし，いい時間を過ごせる場所なんだ」と言っています。さて，ブッチはそのまま禁酒できたのでしょうか？　無理だっただろうと思うほかありませんよね。

　ブッチは少し不思議に思っていました。なぜなら彼の仲間のレニーが最近顔を見せません。レニーは置き換えの原則を見つけていたのです。彼は，今まで酒場にいた時間を，彼の妻と子どもを連れてキャンプに出かけたり，自助グループに参加して自分の話を共有したり，ジムに行って運動したりしていたのです。

レニーがブッチよりも禁酒していられた見込みが高いことは明らかでしょう。

　ブッチのように，あなたが腹を立てるような人と時間を共にし，怒りのライフスタイルに身を置くのであれば，すぐにこれまでと何も変わらない怒る人に戻るでしょう。でも，大幅に自分のライフスタイルを変えるのであれば，そのうち落ち着きを手に入れることができます。このように，置き換えの原則に従うことは，再発の予防にもなります。

　怒りを手放すということは，脳内の動きをただ変えるということではないことにも気づいてください。あなたと時間を共にする人についても，真剣に選んでください。あなたが今付き合っている人たち，友人や家族が怒る人であったり，ひどい人であるなら，別の人たちと付き合った方がいいかもしれません。あなたの怒りを減らすことで，非常に大きな変化がもたらされるかもしれません。それは予測可能なものもあるし，予測不可能なものまであります。

11 置き換えの原則

エクササイズ

　難しい質問をします。あなたの生活の中で，あなたの怒りに火を注ぎ続けるような人はいますか？　もしいるなら，あなたが怒らないようにするために，あなたはどう対処したらよいでしょうか？　あまり会わないようにしますか？　完全に近づかないようにしますか？　もしその人があなたの家族の一員であるなら，ポジティブな時間を増やすために何ができるでしょうか？　これまでの生き方とはがらりと変えてまったく新しいところから始めてみることもできます。これらについて，考えてみてください。自分に正直になってください。

12 怒りを受け入れる

知っておきたいこと

　人が怒りの問題に対処する際に用いる言葉を考えてみてください。「排除する」、「抑制する」、「コントロールする」、「手なずける」などが挙げられると思います。こうした言葉は、怒りが危険で悪いものである、ということを暗示しています。怒りは排除すべきだ（「二度と怒りたくない」）、抑制すべきだ（「怒りは抑えて、他の人にわからないようにする」）、コントロールすべきだ（「怒りが出てくるのを阻止しようと努力する」）、手なずけるべきだ（「怒りの対処法を学ぶためにレッスンを受ける」）といったように。

　でも、怒りは私たちの天敵ではありません。怒りは私たちに脅威の存在を知らせてくれるものであり、エネルギーを供給してくれるものであり、そして行動を起こさせてくれるものです。怒りは、危険な世界で私たちが生き延びようとするのを助けてくれます。その上、怒りは生まれつき脳に備わっている主要な6つの感情（恐怖、喜び、悲しみ、驚き、嫌悪）のうちの1つです。怒りを完全に排除するのは不可能です。

　怒りを敵として見るのではなく、怒りを自分の生活における

重要な一部として受け入れましょう。怒りはあなたの友人です。その友人はときに愚かな行為に走りますが，それでもあなたの友人です。そして，あなたが親友に対してそうするように，怒りがあなたに語りかけてくるメッセージに注意深く耳を傾けてみましょう。怒りを受け入れるとは，友人のメッセージを丁寧に聞くことを意味します。しかし，聞くというのは，それらの不満に対して何か反応しなければならないということではありません。

エクササイズ

　怒りに立ち向かうのではなく，受け入れるとは，あなたにとってどんな意味を持ちますか？　怒りを受け入れるために，単純なフレーズを思い浮かべることはできますか？（例：「戦うな，ただ成すがままに」）

さらなる一歩のために

　怒りを受け入れることと，行動に移すことの違いを理解することが重要です。『ACT on Life Not on Anger』（New Harbinger

Publications, 2006）という書籍に，怒りに反応して行動を起こすのではなく，怒りを受け入れることが書かれています。この受けいれることを示す**受容**とは，怒りに関する自分の考えや怒りの感情そのものに耳を傾けようとします。そのことを考えても，怒りを経験してもいいのです。そうすることで，怒りだけを受け入れるのではなく，自分はときには腹を立ててしまう人間なのだという現実を受け入れていきましょう。

　受容は，あなたに自分の怒りを好きになれといっているのではなく，怒りに立ち向かわなくてもいいのではないか，という意味です。怒りはあなたの一部です。

　先ほど紹介した本のタイトルをもう一度見てください。「ACT on Life Not on Anger（「怒りに動かされるのではなく自分が生きるために生きなさい」という意味）」とあります。著者は怒りに関する考えや怒りの気持ちを受け入れても，どのように行動を起こすかは，切り離して考えることができる，と述べています。

　怒りを受け入れることは，怒りを扱う上で実際にポジティブな方法だと言えます。怒りの気持ちを遮断してしまうよりも，十分に受け入れた方が後悔するようなことを言ってしまったり行動を起こしてしまったりすることが少ないでしょう。怒りを受け入れることで，「溜め込みによる爆発（隠れた怒りが最終的に表面化してしまうこと）」によるトラブルの可能性も減るで

しょう。

　「Act on Life」とは何でしょう？　それは受け入れるという言葉そのものです。怒りを自分には関係ないもののように扱うのだと言っているのではありません。怒りはあなたの一部です。それは，あなたの頭の中にいる友人です。それもあなたですが，あなたのすべてではありません。あなたの怒りを十分に受け入れることによって，自分自身というものを全体的に体験することができるようになります。あなたの気持ち，考え，それらすべてを受け入れるようになることで，人生全体を見ることができるようになるでしょう。自分自身と闘うことを止めることで，よりよいエネルギーの使い方を持てるようになります。怒りにではなく，自分の人生に反応し，行動を起こすのです。

....

エクササイズ

　自分の怒りについて，これまでどう思ってきましたか？　怒りはあなたの敵でしょうか？　自分の怒りを受け入れるために，何をしたらいいのでしょうか？　怒りとどうやって友達になりますか？

....

パート3

怒りを上手に使いましょう

13　怒りへの招待

知っておきたいこと

「怒りへの招待」とは，（あなたの心や体の中，あるいは外の世界で）あなたを怒らせてしまう物事のことです。日常生活には，あなたを怒りへと招く多くの物事が存在しています。たとえば，他の運転手に危険な割り込みをされる，腹痛で目が覚める，誰かの携帯電話がとんでもない時間に鳴る，人の名前を忘れる，仕事で機械のミスをするなどです。

こうした厄介事，つまりあなたを怒らせる物事から怒りに招待されても「いいえ，結構です」と言うことがポイントです。このことを知らないと，日常生活で何度も腹を立ててしまうことになるでしょう。実際，怒りが出てくるのには常に理由があります。でも，こうしてあなたを怒らせるものがあなたの時間，エネルギー，そして労力を無駄にしているのです。

1日の間で，怒りへの招待状があなたにどれくらい届いていますか？　そのうち，あなたはいくつの招待状を受け取っていますか？　どれを受け取って，どれを断っているか，それらの違いは何ですか？

エクササイズ

大事な質問をします。これから24時間のうち、あなたは怒りへの招待状をいくつ受け取ってしまうでしょうか？

さらなる一歩のために

日常生活を送っていると多くの怒りへの招待が、他者によってもたらされます。"怒りへの招待"という名のエサを釣り糸に垂らして川で釣りをしている人たちを想像してください。あなたはその川にいる魚です。願わくば、その怒りという名のエサに引っかかりたくはありません。そのためには賢くなければなりません。

賢く泳いでいくためには、以下の注意点が必要です。

- 他者に攻撃的に反応しないようにすること。
  笑い飛ばして、ちっぽけなことに煩わされないようにしよう。
- 川の流れに逆らおうとしてエネルギーを無駄にしないこと。
  ただ流れに身を任せよう。
- 戦いは慎重に選ぶこと。

魚はほとんど負けるに決まっていることを思い出そう。
- 選択する際には自制を保つようにしておくこと。
戦うべきときには怒り，単に誰かが釣り糸を垂らしているときには相手にしないようにしましょう。

....

エクササイズ

　ここ最近，他者に釣られたことがありましたか？　そのとき何がありましたか，またどんな状況でしたか？

....

14 タイムアウトを上手にとりましょう

知っておきたいこと

　今，あなたは怒っているとします。自制心を失いたくないし，何かとんでもないことを言いたくもありません。そんなときにはその場を離れる必要があります。ここでは，そんなときにどうしたらいいかについてお話します。タイムアウトを上手に取るために，以下の「4つのR」にしたがってみましょう。「4つのR」はそれぞれ，気づく（Recognize），離れる（Retreat），リラックスする（Relax），そして復帰すること（Return）です。

- 気づく：タイムアウトを上手に取るには，早めのサインに気づくことが必要です。こうしたサインは，声を荒げたり，落ち着かなくなったり，血圧が上がるように体が熱く感じられたり，他人が言っていることに耳を傾けられなくなったり，攻撃的なことを考えたり，何か行動に移しそうになったり，拳を握ったり……ということが挙げられます。このとき，自分へ投げかけるメッセージは，「我を失う前にここから離れよう」です。
- 離れる：今すぐその場を離れましょう。どこか静かな場所に行きましょう。そのことで落ち着いたり，考え直すこともできる

でしょう。注意点として，あなたの怒りを促してしまいそうな人がいる場所には行かないことです。離れる目的は鎮まるためであって，怒りを高めるためではありません。
- リラックスする：そのときの怒りを頭や体から放出させましょう。運動するのもいいかもしれません。読書もいいでしょう。でも，アルコールや薬物を使うのはやめましょう。余計に事が悪化してしまいます。
- 復帰する：鎮まるだけでは十分ではありません。落ち着きを取り戻したら，怒りの引き金になった事柄の解決に向かわねばなりません。注意すべきは，4つ目の「R」が復帰するではなく「逃げ出す（Run away）」になってしまうと，よいタイムアウトは取れません。

さらなる一歩のために

タイムアウトを取る時間は，できるだけ早めにしましょう。一旦怒ってしまうと，平常心ではいられなくなってしまいます。

エクササイズ

「4つのR」を使って，タイムアウト計画を立てましょう。

- 気づく：怒りで我を失いそうになる際の5つのサインを書き出しましょう。思いつかない場合はあなたのパートナー，家族，友人にも聞いてみましょう。
- 離れる：あまりに腹が立っている場合，鎮まるのに30分は必要です。どこに行くといいでしょう？ どうやって行きますか？ 当初考えていた場所に行けない場合，代替案はありますか？
- リラックスする：怒りを放出させるにはどうしたらいいでしょうか？ 散歩に出かけるか，呼吸のエクササイズ（64ページ参照）を行うか，何かの活動で気晴らしをしますか？
- 復帰する：再びカッとならないよう，その場で起こったことについて話をする必要があります。いつならできそうでしょうか？

15 ストレス状況での呼吸法とリラックス法

知っておきたいこと

　怒りを弱める最適な方法の1つは，ストレス状況で呼吸法やリラックス法を使えるようになることです。ただ，この方法を使いこなすには定期的な練習が必要になります。あなたの呼吸を変えるだけで怒りが放出され，気分がよくなります。

エクササイズ

　呼吸法の練習：

1．座ったり横になってくつげるような，静かな場所を探しましょう。
2．目を閉じましょう。
3．リラックスして，ストレスとなるようなものを遮断しましょう。
4．鼻から空気をゆっくり吸い込みます。よい空気を奥まで送り込みましょう。その空気で横隔膜〈胸（胸腔）とお腹（腹腔）の境目を作る膜状の筋肉〉を下に押し下げるようにします。
5．そのままの状態で数を4つ数えて，それからゆっくり口で空気をはき出しましょう。

6．「1」と数を1つ数えます（口にしないで構いません）。
7．4と5のステップを繰り返します。今度は空気をはくときに「2」と数えましょう。
8．はくときに「10」に達するまで，4と5を繰り返しましょう。

はき出す時間を10から始めても構いません。そのときは1に達するまで続けます。空気を吸い込んではき出すまでの待ちの間に，「リラックス」と頭の中でつぶやくのもいいかもしれません。

そのうち，3回，4回だけでもリラックスできるように呼吸法の回数も減ってくるでしょう。実生活で必要なときにより素早くこの方法を使えるようになります。

さらなる一歩のために

今度はリラックス法を練習しましょう。全身をリラックスさせながら，あなたの筋肉，神経系を鎮めていきます。さらには心も鎮めるようにするとよいでしょう。方法は以下の通りです。

エクササイズ

　腹を立て始めたら，冷静になるため，あなた自身を鎮めるために十分に呼吸法を行うことがまず最初の方法です。呼吸法と全身リラックス法を組み合わせることもできます。

1. 足のつま先から頭に向けて，あるいは頭から足のつま先に向けてリラックスさせていきます。
   筋肉に注意を向けていきます。足やつま先，ふくらはぎや下腿（膝から足首までの部分），太ももや大腿部，お尻や骨盤，腹筋，胸部，背中，肩や首，アゴ，顔（特に目やこめかみ），額や前頭部，後頭部などの筋肉に注意を向けていきます。
2. リラックスするために，深くゆっくりと行う呼吸法を忘れずに行いましょう。どれくらい行うかは好みによりますが，少なくとも15分から20分で体がリラックスしてくるでしょう。
3. 自分を落ち着かせるような言葉をいくつか頭の中で思い浮かべてもよいかもしれません。たとえば，「良い気分だ」，「急ぐ必要はまったくない（十分に時間はある）」などです。
4. あなたの頭に「こんなことをしている時間なんてないのに」，「こんなのは効かない」，「忙しすぎてリラックスなんてできない」のように心配ごとが浮かんで来るようであれば，こうした

考えを風船にくくりつけるイメージで，そのまま流しましょう。浮かんでくる考えを考えないようにするのではなく，それらの考えに別れを告げるようにしてみましょう。

5．リラックス法の練習のために，視覚，聴覚，あるいは触覚を使ったイメージを追加してもよいかもしれません。たとえば，多くの人がとても平穏に感じられた瞬間のよい記憶を持っているものです。こうした記憶はとても素晴らしい光景，音，感覚をもたらします。太陽から光が降り注ぎ，あなたをあたためています。波の音が聞こえ，波の向こうには鳥が静かに飛んでいます。目を閉じ，「生きててよかった」と感じましょう。このように，イメージを用いることでリラックス法の練習の効果が上がります。

16 　怒りを持続させないようにする

知っておきたいこと

　怒りが特に不安と結び付くと，頭の中はその怒りでいっぱいになってしまいます。あなたを困らせるような物事に苛立つようになり，それはまるで童話『ジャックと豆の木』の豆の木のようにみるみる大きく育っていきます。あなたの怒りは，あなたが考えるのと同じスピードで空へと突き出していきます。それはどんどん広がり，広がりすぎて，もはや何も考えられない状態になります。怒りがあなたの世界を覆い尽くすのです。その怒りが長く続けば続くほど，どんどん強くなり，もはや問題解決のための良い糸口を何も見いだせなくなってしまいます。

エクササイズ

　3「問題の強度と怒りの度合い」では，問題の深刻さを計測するために怒りの温度計で自分の怒りを0～10で測定しました。ここでは別の方法をご紹介します。

　あなたを怒りのとりこにさせないために，少なくとも3つの言葉かけを考えましょう。

「これは大した問題でもないし，生死に関わるようなものでもない」
「自分の生活で起こったいいことを考える時間にしよう」
「怒りに自分の生活を好きにさせてたまるか」
「怒りに自分の生活をだめにされてたまるか」

このような言葉かけを紙に書き出してみましょう。書いたものを財布，ポケット，バッグの中に入れておき，腹が立ったときにそれを読むようにしましょう。

....

さらなる一歩のために

あなたの人生で主導権を握っているのは誰ですか？

強迫的な怒りは慢性的な怒りをもたらします。人がいかにあなたに害をおよぼすか，あるいはあなたの怒りを引き出すような物事についてあれこれ考えだしてしまうと，次第にそれはあなたの生活を乗っ取ります。それはとても強く，しつこいもので，まるであなた自身が怒りそのものになってしまったようです。

自分の人生を長いバス旅のように考えてみてください。あなたはそのバスの運転手ですが，一人ではありません。怒り，喜び，悲しみ，恐怖，恥，罪悪感，孤独感など，彼らはあなたの感情であり，乗客です。ときには，あなたが運転するバスの助

16 怒りを持続させないようにする

手席に，彼らのうちの一人を座らせることもあるでしょう。でもあなたはそのバスの管理者です。

　おかしなことも起こります。あなたの怒りが立ちあがり，あなたの前に立ちはだかり，あなたの首根っこを掴んであなたを運転席から引きずり出すこともあるでしょう。「おれはこのバスを乗っ取った」，怒りはそうアナウンスをして，あなたに後ろの席に座るように命令します。

　それから怒りはバスを止め，あなたの他の感情をにらみつけ，他の感情たちにバスから降りるよう命じます。「他の感情なんていらねえんだよ，おれ一人で十分だ」と言わんばかりに。怒りは他の感情たちと共感することができないのです。

....

エクササイズ

　あなたの人生という名のバスは怒りが支配していますか？　もしそうなら，立ち上がり，前に向かって歩いて，あなたの怒りに対して運転席から出るようはっきりと命じましょう。怒りに対して，あなたがコントロールを取り戻したことを伝えるのです。ただ，怒りをバスから蹴り降ろしてはいけません。怒りはあなたにとって有用なものであることを思い出してください。

....

17 相手の立場で考えてみる

知っておきたいこと

共感とは，他者の視点で出来事を見たり，感じたり，理解したりするために，自分の視点から一時的に離れる能力のことです。他者の身になって物事を考えられる人は，無用な口論が少ないはずです。他者の心や気持ちに自分の身を置いてみるといった基礎訓練を定期的に行うことで，共感能力を上げることができます。

共感性を上げるためには，次の2つのスキルを高める必要があります。それは，好奇心を持つこと，そして偏った判断をしないことです。

エクササイズ

口論になったときに，相手の立場に立って考えてみましょう。以下の質問を自分に投げかけてみてください。

- 私は偏った見方をしていないだろうか？
- 目の前にいる相手にとって，一番大事なものは何だろうか？

- 相手が主に大事だと思っているものは何だろうか？
- 相手は今，どう感じているんだろうか？
- 相手の視点に立って理解するのに役立ちそうな，似たような状況をこれまで経験したことがなかっただろうか？

さらなる一歩のために

　より共感的になることは，単に質問したり（「どう感じているのか？」），偏った見方をしないというだけではありません。それよりももっと深いものです。その真の目標は，他者の生活史をよりよく理解しようとするものです。

　生活史とは，個人の人生の中の重要な出来事を，単一の，かつ意味のある物語にまとめたものを指しています。

　ヘレンとミシェルは，それぞれ10代のときに同じような重大な出来事を3つ体験しています。両者共に，母親をガンで亡くしたこと，父親のたび重なるうつ病とアルコール依存，そして父親に養育能力がなかったため，自分の衣服を購入するために高校生でありながら長時間働きに出なければなりませんでした。この二人の女性の歴史は似たものではありますが，彼女たちからよく話を聞いてみるとその違いがわかります。

ヘレンはそうした出来事を経て,他者を支援することを自分の人生の目標に掲げるという物語を構築していきました。彼女は大学には行かず,代わりに早く結婚をして幸せな家庭を築きました。自分の父親の面倒を見ることで,彼女の中にある母性感情が喚起され,そのことが彼女の人生の中心になっていきました。ヘレンは過去から何を学んだのかを尋ねられれば,家族がすべてだと答えることでしょう。

　一方,ミシェルは同じ出来事からまったく異なる意味を見いだしました。彼女は自分のことを辛い状況の生き残りであり,頑丈で強く,何でもできる人間だと考えていました。彼女はキャリアウーマンとなり,困難な状況の解決を専門とする職業に就いています。彼女にとっての過去が意味していたのは,誰も頼りにはできないということでした。ときに彼女は孤独を感じますが,自分の愛する者を失うというリスクを負いたくはないのです。

　彼女たちの話を聞かずしては,彼女たち自身の生活史など知る由もありません。それが共感性なのです。興味を示して偏った判断をせずに,他者の生活史に耳を傾けることで,あなたは共感性という芸をマスターすることでしょう。

17　相手の立場で考えてみる

··

エクササイズ

　あなたの周りにいる2,3人に自分の生活史を話してもらうよう尋ねてみましょう。もし,何のためだと聞かれたら,今日のその人たちを作り上げるのに役立った,人生における重要な出来事とは何かをぜひ聞きたいのだと,伝えてください。

··

18 ネガティブな思考をポジティブなものに置き換える

知っておきたいこと

　怒りやすい人は，他人が言ったこと，やったことに対してネガティブに考えることがとても得意です。ここでは，そうした考え方のパターンを変えていくための方法を紹介します。

　伝統的な認知行動療法（心理療法の1つで，考えや気持ち，行動，身体のつながりによって人の問題が発生・維持されると考え，考え方を見直したり行動を変えたりすることで感情を調節し，生じている悪循環を断ち切ろうとするアプローチ）は以下のような考えに基づいています。

1．出来事はたまたま起こる
2．人間は出来事を意味付ける存在である
3．その意味には，ポジティブなもの，ネガティブなもの，中性的なものがある
4．怒りやすい人は必要以上にネガティブな意味付けを多く行う
5．これによって，不必要な敵意的な行為，発言がもたらされる
6．人は習慣的な怒りに陥らないように自分の考え方をネガティ

18 ネガティブな思考をポジティブなものに置き換える

ブからポジティブに変えることができる

以下は，変化を起こすために必要な方法の紹介です。

1．ある出来事が起こる
2．あなたはその出来事を自動的にネガティブに解釈していることに気づく
3．こうしたことは，通常あなたに敵意的なことを言ったりやったりさせるだろう
4．その代わりに，その出来事をよりポジティブ（少なくとも中性的に）に解釈してみる
5．これにより，怒らず，敵意をむき出しにせずに対処することができる

〈例〉

1．法定速度が時速50kmの道路を法定速度で車を走らせる人がいる
2．あなたは，「遅いんだよ，このバカ！」と思う
3．あなたはいつもならクラクションを鳴らし，中指を突き立て，1時間以上も怒ったままでいるだろう
4．そのような自分のネガティブな考えに気づいたら，それを「別に急いでいない，なのにどうして私はこんなに怒っているん

だろうか」という考えに置き換えてみる
5．気分を鎮めて，前の車を抜くいいタイミングを見つけるまでじっくり待つ

エクササイズ

　最近あった出来事で，あなたが腹を立てた状況を思い出してください。上記の方法を使って，次に同じ状況になったらどうするかを考えてみましょう

さらなる一歩のために

　自分の考え方を変えるために，自分の物の見方を変えることが必要かもしれません。非現実的でネガティブなやり方で自分の生活を習慣的に考えやすくなっているかもしれません。

　怒る人の多くは，非常にネガティブな世界の中を生きています。彼らは他者の言動を誤って（悪く）解釈します。それはこんな感じでしょうか。

　まず，彼らは他者からのポジティブなコメントを受け入れません。たとえば，あなたがチョコレートケーキを焼いて，あなたのパートナーから「作ったケーキ，いいね」と言われようが，それ

をほめ言葉だとは受け取りません。実際，その言葉を皮肉として解釈し，どうしてそんな「いいね」なんて言うのだろうと考えたり，後でどうせ批判が来ると思ったりするかもしれません。

　しかし，私たちが発する言葉の大半が（良いも悪いもない）中性的な意味合いを持つもので，ポジティブでもネガティブでもないのです。どちらとも取れない中性的な発言をネガティブなものとして受け取る人は，理由もなく怒ってばかりいます。

　そして，彼らは少しばかりネガティブな発言であっても，それをまるで攻撃されたかのように受け取ります。それは，「あなたのケーキはおいしいんだけど，次はもっとクリームをお願いね」と言ったことが，「バカだな，それがおまえの悪いところだ！　どんなバカだってケーキにはクリームが必要だって知っているものだ。世界最低のケーキだな」と言われたように解釈されてしまうのです。

　こうした誤った解釈のパターンは「敵意的帰属シフト」（他者の意図を悪意に解釈すること，またその傾向）と呼ばれるものです。もしあなたがこうした解釈に陥ってしまうのであれば，そのパターンを変えればいいのですが，変えるには努力が必要です。

　自分の習慣的なネガティブな考え方に気づいたら，その考え方を置き換えてみましょう。

エクササイズ

　今から24時間以内に思い浮かぶネガティブな考えはいくつ出てくるかを観察してください。そしてそれをできる限り，ポジティブなものに置き換えてみてください。

19 そのほかの感情も見つける

知っておきたいこと

　一度に1つの感情しか持たないのであれば，人生は単純でしょう。「今，怒りや悲しみ，それにちょっとした孤独感も感じる」よりは，「今，怒りを感じる」の方がずいぶんと対処が簡単そうです。しかし現実には，1つだけの感情ではなく，いくつかの感情が混ざり合った状態を感じることになります。

　たとえば，自分の父親が病院で死の床にある状態だとすれば，父親が徐々に弱っていく姿を見るのは非常に悲しいことですが，それだけでなく父親の苦しみがこれでようやく終わるのかと思えば安堵の気持ちにもなります。将来のことも不安になります（「誰が母親の面倒を見るのだろうか？」）。父親との楽しかった子どもの頃の思い出を振り返っては笑いがこみあげてくるかもしれません。人生とは複雑さに満ちていて，いろいろな気持ちが混ざり合っているのです。

　最近，あなたが腹を立てたときの状況を思い出してみてください。普段はまったく気づかなかったり，無視していたりするものですが，そのときに感じていた他の感情はなかったかを振り返ってみてください。たとえば，あなたのパートナーと口論

になったかもしれません。あなたはその時に激怒したでしょうし，パートナーにもそれは伝わったことでしょう。でも，その状況が過ぎてしまった今となっては，あなたがそのときに感じていた怖さ，悲しみ，孤独感などは薄れているでしょう。怒り以外の感情にも目を向けることで，普段の会話がどのように変わるか，展開するかを考えてみてください。

さらなる一歩のために

　あなたが怒ったとき，あなたの中に他にどのような感情があるか，見渡してみてください。

　気を付けてほしいことですが，外から見えやすい"怒り"が感情のすべてだとは思わないでください。怒りは本当の感情ではなく，本当の感情を隠そうとするものであり，重要ではないかもしれません。たとえば，夜中に外出できず，とても怒っている10代の若者は，実際には怒っているのではなくて傷ついていたり，悲しんでいたり，あるいは怯えているのかもしれません。

　あなたのすべての感情的な作業を怒りだけに結び付けないでください。あなたが何に困っているのかを他者に伝える必要があるとき，そこにはいくつかの感情の存在があることを認めてください。そうすれば，他者はあなたの言うことに耳を傾けてくれるはずです。

20 悪いことだけでなくいいことも探す

知っておきたいこと

　ここでは，ハリーと彼の恋人クラリスの例を紹介します。クラリスがハリーに「人のいいところを探そう」とアドバイスしたことに対する，彼の反応です。

　「悪いところではなくいいところを探そうって？　わかってる，わかってる。ありふれた言い方だね。いいところを探してみようとすれば見つかると思うよ。ぼくがこれまでいつも教えられてきたことだよ。正直に言えば，そんなのでたらめだと思う。現実を見て。人は意地悪だし，くだらないし，危険だし，信用ならないし，それに自己中心的だよ。こんな人たちのいいところを探せるっていうの？　そもそも何のためにそんなことしなきゃいけないの？　ぼくが喜びそうなことを言ってくる人たちは単にぼくを利用しようとしているだけかもしれないし，ぼくのお願いを聞いてくれる人はぼくをはめようとしているのかも。この世の中はいいことよりも悪いことの方が多いし，だからこそぼくたちが生きていくためには注意しなきゃいけないんだよ」

この考え方はどれくらい正確なものでしょうか。すべての人が悪者なのでしょうか？　彼の言い分にはいくらか真実も含まれていますが，ハリーの物の見方はいい人間よりも悪い人間の方がはるかに多いという思い込みで歪んでしまっています。

　あなたはどうでしょうか？　ハリーの言うことにどれくらい同意できますか？　悪いことばかりを探しているために，他者の悪いところばかり目についてしまうことが普段どれくらいあるでしょうか？

さらなる一歩のために

　ポジティブ心理学とは，ここ最近発展してきた心理学の一領域です。この学問では，人の問題や欠如している部分よりも，いいところ（人の持つ強み）に注目します。たとえば，ポジティブ心理学者は誠実さ，勇気，リーダーシップ，創造性，そして信頼性などのような特徴を研究対象としています。

　さて，あなたはどちらの心理学者に会ってみたいと思いますか？　一人は，あなたの悪い面を探そうとする人で，もう一人はあなたの強みやポジティブな側面を見ようとする人です。さらに言えば，なれるとしたらあなたはどちらの心理学者になってみたいと思いますか？

エクササイズ

　今回のエクササイズでは，人が大勢いるところに足を運んでみましょう。たとえば公園，レストラン，家族の集まりなどです。15分間，その人たちのおかしいと思う部分（服装，表情，身振り手振り，言葉，癖，歩き方などすべてを見てください）をできるだけ探してみてください。「ネガティブ探し」をしてみた気分はどうですか？

　次に，2，3回深呼吸をして気分を切り替えてください。今度は他の人たちのポジティブなところを探すようにします。同じように15分間，考えてください。

　このエクササイズは，仲間や友人などと一緒にやるといいかもしれません。

　その翌日，今度は以下のようなエクササイズに切り替えます。今度はネガティブ探しを10分間，ポジティブ探しを20分間行いましょう。3回目には，ネガティブ探しを5分間，ポジティブ探しを25分間行いましょう。最後に，30分間すべてをポジティブ探しの時間にあてるようにしてみてください。

21 葛藤を取り除く

知っておきたいこと

ここでは，あなたに葛藤を取り除くための39個の方法をご紹介します。あなたが避けたいと思っている言い争いが起こりそうだと気づいたら，使ってみてください。

1. その場から立ち去りましょう
2. 謝りましょう
3. 3回ほど深呼吸をしてみましょう
4. お互いの妥協点を探しましょう
5. 大したことではないと言い聞かせましょう
6. 座りましょう
7. 穏やかに，ゆっくり話しましょう
8. 相手をほめましょう
9. 相手の立場を理解しましょう
10. その場の雰囲気を変えるためにジョークを言ってみましょう
11. 「賢い魚はエサに食いつかない」を思い出しましょう
12. 一歩身を引いてみましょう
13. お酒を飲むのをやめましょう

21 葛藤を取り除く

14. 優しく相手に触れてみましょう
15. 相手の立場になって考えてみましょう
16. タイムアウトを取りましょう（四つのRを思い出しましょう）
17. いがみ合うのではなく，相手を愛していると伝えましょう
18. 相手の好きなところを思い浮かべましょう
19. 少しばかり譲歩してみましょう
20. 相手の言い分について話し合ってみましょう
21. 気分を鎮めようと，自分に言い聞かせましょう
22. 最後の一言は相手に委ねましょう
23. 解決に焦点を当てましょう（勝ち負けではありません）
24. 何か違ったことをしてみましょう
25. 我を失わないようにしましょう
26. 今起こっていることに集中しましょう
27. 侮辱的なことを相手に言わないようにしましょう
28. 「どちらか」ではなく，「どちらも」と考えましょう
29. 過去や未来に言及するのはやめましょう
30. あまりに個人的な事柄を引き出さないようにしましょう
31. 相手が懸念している，心配していることに取り組みましょう
32. 「あなたも正しいし，私も正しい」と考えるようにしましょう
33. 落ち着いているように振る舞いましょう
34. 頭の中にある今の考えを，すぐに消えさる雲のように考えましょう

35. 相手にひどいことを言ったらどうなるかを考えましょう
36. 自分の心に耳を傾けてみましょう
37. 何かよいことをしてみましょう
38. 思いやりの気持ちを持って，相手の攻撃に対処しましょう
39. 相手が大切な人なら，自分が相手を愛していることを思い出しましょう

さらなる一歩のために

たとえ怒り始めても，冷静さを失わなければ自分を止めることができます。

ここで紹介した39個の方法を有効に使うかどうかはあなた次第です。それには，自分が怒り始めてきたかな？　と思うサイン，あるいは他者との話し合いの結果，徐々に危険な領域に踏み込んできたかな？　と思うようなサインに気づく必要があります。そのサインに気づいたら，紹介した方法のうちの1つを試すときです。

エクササイズ

紹介した上記の方法を実際に試してみてください。パートナー，友人，親，同僚やその他の人と意見が食い違ったとき，あなたに

とって役に立ちそうだと思う方法を5つほど選んでおいてください。自分に慣れ親しんだ方法だけを取り上げるのはよくありません。せめて1つか2つはあなたにとって馴染みのないものを選ぶとよいでしょう。たとえば，あなたが他者からの攻撃に反撃しがちな負けず嫌いな人であれば，「思いやりの気持ちを持って，相手の攻撃に対処しましょう」を選ぶとよいかもしれません。あるいは，口論の際に相手の欠点ばかりに目がいってしまう人は，「相手の好きなところを思い浮かべましょう」を試すとよいかもしれません。

　持ち運びできる小さいカードに，あなたが選んだ5つの方法を書いておきましょう。少なくとも1日に2回は見てください。試すときがきたら，リストを心の中で思い出すようにして，その中から1つを選んでください。

....

　"道具箱に金槌しか入っていない者にとっては，あらゆる問題が釘のように見える"（方法が一つしかないと，すべてそれに合うように物事が見えてしまうことのたとえ）という言い習わしがあります。いつも効果的に使えるような魔法の技などないのです。だからこそ，怒りをコントロールするための道具箱には，たくさんの道具を入れておかなければなりません。問題となる状況において，同じ道具ばかりに頼るのではなく，あなたが用

意したいくつかの道具を使って，どれが誰に一番効くかを発見してください。

- -

エクササイズ

　今回は大きな挑戦です。もう一度，自分で作ったリストを見てください。あなたにとって実行するのが難しそうだと思う方法を選んでください。それがなぜ難しいと思うのかを自問してみましょう。たとえば，言い争いの際に過去を引っ張り出す癖がある人にとっては「今起こっていることに集中しましょう」は非常に難しいでしょう。自分が難しいと思う方法を試してみてください。自分が思っているよりも，自分の怒りに柔軟に対応できることに気がつくかもしれません。

- -

22 話の主人公になろう

知っておきたいこと

　主語に「私」をつける目的は，相手に対してあなたが何に困らされているか，あるいは悩まされているか，どんな気持ちか，どうしたいのかを明確に伝えることにあります。以下の3つのポイントを見てください。

1. あなたを困らせる，悩ませる相手の言動を明確に伝える：
   「うちのお金のことについて，あなたは昨日，今朝話し合おうって約束したよね，でもあなたは寝てた」
2. 相手にあなたがどのような気持ちでいるかを伝える：
   「**私は**怒ってるし，傷ついてる。それに，支払いを何とかしなくちゃいけないから**私は**心配しているの」
3. あなたがどうしたいかを相手に明確に伝える：
   「**私は**今日の午後，あなたときちんと話し合いたいと思っているの」

....

エクササイズ

　主語に「私」を用いる方法（以下，「私」メッセージと表現しま

す）を今すぐに使えそうな状況を思い浮かべてみてください。

さらなる一歩のために

　主語に「私」を用いる方法は簡単に見えますが，以下のミスには注意してください。

- **あなたが困らされていること，どんな気持ちか，どうしたいかを曖昧にしないこと**

    以下のように言っては効果がありません。「ラリー，あなたちょっと意地悪よ。私ちょっと気分悪い。私はあなたにもっとちゃんとしてほしい」。あなたはラリーのどこが意地悪に思えるのか，気分が悪いとはどういう気持ちなのか，もっとちゃんとしてほしい，とは具体的に彼にどうしてほしいのか，などについて，彼に伝える必要があります。

- **「あなたのせいで……な気持ちになる」とは言わないこと**

    あなたの抱く感情はあなたが感じているものであって，相手のものではありません。感情の責任は自分にあります。他人のせいにはしないでください。

- **相手の名前を呼ばないこと，あるいは侮辱しないこと**

あなたがもし、「ラリー，あなたは怠け者なの？」と会話を始めてしまうと，ラリーはあなたの「私」メッセージに対してポジティブに反応することはないでしょう。

- **奇跡を期待しないこと**

あなたは明確な言葉を用いて相手に伝えているだけであって，伝えたからといってすべてが思い通りになるわけではありません。

- **不満をいうためだけに「私」を使わないこと**

困ったときにだけ「私」を使うわけではありません。相手のポジティブな行動に対してほめるときにも使える方法です。たとえを以下に紹介します。

▶「サリー，君は一所懸命働いているのに，昨日子どもたちを動物園に連れて行くと言ってくれたよね」

▶「子どもたちとの時間を取るなんて，**ぼくは**すごいと思ったよ。君と子どもたちが遊んでいる姿を見て，**ぼくは**とても心が温かくなったよ」

▶「また今度みんなで動物園へ行って，**ぼくは**君が楽しい時間を過ごしている姿を見たいよ」

どんな人でもほめられたいものです。このように主語に「私」をつける方法によって，あなたのほめ言葉がさらに強調されます。

- ポジティブな「私」メッセージに「でも」はつけないこと
  たとえば，上記のような状況で「……でも，君は子どもと十分には遊べていないよね」などと付け加えないことです。批判はメッセージの受け手を防衛的な態度にしてしまいます。
- 「私」メッセージを個人の性格攻撃に使わないこと
  性格攻撃とは相手の特徴に対するネガティブなメッセージです。ここでは，「私」メッセージの代わりに「あなた」メッセージが用いられてしまいます。「**あなたは**たるんでいる」，「**あなたって**嫌なやつ」などです。こうした言葉を用いることで，あなたが腹を立てている相手を攻撃できて満足し，1分程度は気分がよくなるでしょう。しかし，こうした攻撃は間違いなく敵意や憎悪を増やします。その上，こうした発言は相手の行動を変えさせるにはほとんど役に立ちません。

　性格攻撃には自分の気持ち，考え，行動の責任を自分ではなく他人に押し付けてしまうという特徴があります。「あの人が嫌なやつでさえなければ，すべては上手くいくのに」という状況を想像してください。そう考えることで状況はよくなりますか？　その状況を悪化させてはいませんか？　他人を批判することは事の改善には役立ちません。

23 フェアな戦いのためのガイドライン

知っておきたいこと

ときに，人は意見が食い違いますので，ある程度の葛藤は避けられません。しかし，あなたがフェアに戦うようになれば，あなたが直面する葛藤は，いい結果を示す可能性が増えていくはずです。いい結果とは，少なくとも当面の問題が解決することになったり，話し合いの際に誰のことも傷つけずに済む，などが挙げられます。

ここでは，意見の食い違いの際にやってはいけないことを挙げます。

フェアな戦いのために：やってはいけないこと

- 相手をバカにしない
  「君は怒るとかわいいなあ」
- 問題から逃げない
  「それについては話したくない」
- 過度に一般化をしない
  「あなたはいつも遅いんだから」

- 興味がなさそうにしない

  「どうでもいい！」
- 最後の一言を言わない

  「これだけ言いたいんだけど……」
- 過去にこだわらない

  「去年，あなたに〜を言われた」
- 叩いたり，押したり，何かを押し付けたり，脅かしたりしない

  「今度同じこといったら〜してやる」
- 立ちあがって怒鳴ったり罵ったりしない

  「○○○○！！」
- 遮らない

  「（会話途中で）ちょっと私にも言わせてよ」
- 嫌な顔をしない

  「おれが嫌な顔をしたってどういう意味だ！」
- 相手の性格を攻撃しない

  「あなたって情けない人，最悪な人ね」

さらなる一歩のために

　上記のようなネガティブなコミュニケーションは，ただ止めるだけではいけません。意見の言い合いのときにそれを続けて

しまうのではなく，どうにか解決の方向へと向かうために，ポジティブなコミュニケーションスキルを身につける必要があるでしょう。言い合いが起こったら，以下を試してみてください。

フェアな戦いのために：やるべきこと

- 一度に1つの話題を取り上げる
「まずはお金のことだけを話し合いましょう，それから子どものことを話しましょう」
- 座って静かに話し合う
「話し合う前に，座って落ち着いた方がいいと思う」
- あなたの気持ちをはっきり伝える
「あなたに怒鳴られると，私はすごく傷つく」
- 耳を傾ける
「あなたの言っていることはわかる。こういうことかな？」
- 具体的にすることを心がける
「明日，銀行であなたにやってほしいことを伝えるね」
- 柔軟な考え方をする
「ぼくは今，ちょっと頭が固くなっていると思うんだ。ちょっと考えさせてもらえる？」
- 折り合いをつけたり，妥協する

「わかった，じゃあこうすればを折り合いがつくんじゃないかな……」
- 静かに呼吸をし，落ち着いた状態でいる
「2，3回深呼吸してもいいかな」
- 自分の言動に責任を持つ
「ぼくがそう言った」
- 問題の解決に焦点を当てる，勝ち負けではない
「今後のため，この問題の解決方法を探そう」
- 必要に応じてタイムアウトを取る
「いま感情的になりすぎているから，タイムアウトをとってもいいかな」

24 何のために怒っているのかを確かめましょう

知っておきたいこと

　自分の怒りを，もっと自分の大事なことに使うことができます。これを"アドボカシー"と言います。これは，自分の権利を主張したり，擁護したり，支持することです。

　アドボカシーには勇気が必要です。自分の権利を主張するような活動を行う際には頭を使いますし，用心深さと辛抱強さが求められます。怒りだけではなく，自制心を持って，自分のいろいろな感情を調和させなければなりません。

....

エクササイズ

　ここでは，あなたがどんな状況で自分の考えや信念を守ろうとしているのかを明らかにするためのエクササイズを紹介します。

- 何のために戦っているのですか？
- 何のために仕事を失うようなリスクを取るのですか？
- 何のために離婚につながったり，大事な関係を失ってしまうリスクを取るのですか？

- 何のために命を失うリスクを負うのですか？

　これまで自分の考えや信念を守ろうとして，何かを失ったことはありますか？　もしそうなら，そのとき，他に何ができただろうかと，今なら思いますか？　今も同じことを繰り返しそうですか？

....

さらなる一歩のために

効果的なアドボカシーのための鍵をいくつかご紹介します。

- **感情に巻き込まれず，感情を活用しよう**

  感情に左右されないアドボカシーなどありません。あなたが本当に何かのために戦っている場合，それは心底そのように感じていることでしょう。でも注意してください。あなたの中の強い感情によって，我を忘れてしまうのは簡単なことです。感情的になりすぎてしまうと，自分が損をすることもあります。自制を忘れないでください。感情に動かされるのではなく，あなた自身が感情を動かして利用してください。

- **何のために戦っているのかを知ろう**

  効率的に戦いを進めるためにも，何かに反対するということだけではなく，前向きな発言をしましょう。

- **長期的な計画で臨もう**

 戦いには長期戦がつきものです。自分の選択をよく検討してください。短距離走ではなく，マラソンに参加するつもりで自分の状態を準備していきましょう。

- **他者と一緒に活動しよう**

 アドボカシーは難しく，ときに孤独な活動です。多くの人が，あなたがなぜそこまで自分の信念に対して熱くなっているのかを理解していません。自分の信念を共有し，気持ちの面でのサポートや実施上の検討点を一緒に考えてくれる仲間を見つけてください。

- **注意深く計画を練ろう**

 行動に移す前にあらゆる可能性を検討しましょう。

- **知識は重要である**

 ディベートに参加する自分をイメージしてみましょう。そこで自分の意見を十分に主張するために自宅で丹念に予習を行いましょう。

- **やる価値があるかどうかを確認する**

 あなたにとっての最終的な利益があるのかを考えてみましょう。

 自分の信念を主張するための活動をどの程度まで行うのかについては，リスクを含めて考え，自分で決めることが重要です。

25 深い恨みとその許しについて

知っておきたいこと

　深い恨みは，誰かの言動があなたをひどく傷つけ，その苦痛をいつまでも引きずることで生まれます。次第に，頭の中はあなたに攻撃した人のことや，その人への復讐でいっぱいになります。最終的には，強い恨みが強い憎しみに変わり，その人を軽蔑するようになります。

　「許し」とは，そういった深い恨みを終わらせるためのキーワードです。許しはあなたの中の寛容さによって生まれる行為です。あなたが許すことを選択すると，その相手の悪い部分ではなく人間性に焦点があたり，あなたの心の中でその相手を見直そうとする動きが始まります。許しは簡単なことではありません。しかし，ここではあなたが少しでも許しのプロセスへと進めるよう，いくつかのポイントを紹介します。

- 許す決意をするときは明確に，意識的に行う
- 自分の不幸を相手のせいにはしない
- 復讐を考えたり，企てない
- 相手に謝罪してもらおう，何かしらの形でお返ししてもらおう

とは思わない。基本的に，相手が過去にしたことを精算する
- 相手の悪い部分ではなく，良かったと思う点を考える
- あなたの心の中にその相手をもう一度入れ直すと，どうなるかを考えてみる

さらなる一歩のために

　もしあなたが許しと憎しみの間で揺れていたらどうでしょうか？　まだ許す準備ができていないとしたらどうでしょうか？　少しも相手を許せないとしたらどうなるでしょうか？　許すということは，仲直りをするという意味でしょうか？

　許しとは，長いプロセスです。相手はあなたに傷を負わせるほどのひどいことをしたのですから。許すための作業には時間がかかります。最初は意識的に許そうとして，許せた気になっても，そのうち，相手に対する昔の怒りや敵意がもう一度高まってきます。これは普通の反応です。

　許しとは，「許す－許さない」という全か無かの問題ではありません。それは，次第に心が落ち着く長いプロセスです。

　まだ許す準備ができていないかもしれません。それはそれでいいのです。簡単に許す作業を終わらせても，いいことはありません。準備ができれば自分でわかるはずです。心の中から届

くメッセージに耳を傾けてください。そのメッセージが、「許す時間だ、くじけずに人生を前向きに進んでいこう」と伝えてくれるでしょう。

　あなたが絶対に相手を許せないという場合はどうでしょう。おそらく、すでに許そうと試されて失敗した方かもしれません。いつもその相手のことで頭がいっぱいになってしまう、あるいはその人のことばかりを考えてしまうときには、「気晴らし」をしてみてください。自分の予定をうめる、他のことを考えるようにする、嫌なことは忘れて前向きに生きる、などです。他には、過去のことや相手にまつわる感情に「無関心になること」を目指してください。

　人が許しの作業を避ける理由の1つは、許すことで相手と仲直りをしなければいけない、と考えているからです。それは間違っています。仲直りをしなくても相手を許すことができます。許しと仲直りは別のものです。仲直りは信頼の基に成り立ちます。そのため、相手に信頼する根拠を持てるまでは、仲直りをしなくてもいいのです。

25 深い恨みとその許しについて

エクササイズ

あなたの不満に対処するために，ここで紹介した気晴らし，感情に無関心になる，許し，仲直り，を考えてみましょう。いま，あなたにとってどれが一番合っているか，を考えてみてください。

26 自分への怒りと自分を許すことへの挑戦

知っておきたいこと

人が自分の怒りを他人に向ける場合，怒りの問題について考えるのは簡単です。しかし，自分に向けられた怒りの場合，そのことによって自分を許せなくなります。

自分に向けられた怒りは以下の5つの形態をとります。

1．自己放棄

たとえば，他人の面倒を見るのが忙しくて自分自身が病院にかからないことが挙げられます。自分を無視するような主なメッセージは，「自分は心配するような価値がない」です。

2．自己妨害

自分の人生がうまくいかないように，自分でそう仕向けてしまうことです。成功を目の前にしているのに自分自身で負けを認めてしまうことは，自分を妨害していると言えます。それは，課題や目標が達成される前に失敗する方法を考えているようにも見えます。

3．自責

　何かよくないことが起こると自分に責任があると、自分を罰することです。まるで、「私が悪い。私はひどい人です。私には価値がありません」というレッテルを自分自身にはっているようなものです。

4．自己攻撃

　自分に対してひどいことを言ったり、自分の体を傷つけたりすることです。

5．自己破壊

　たとえば自殺企図です。自分は生まれ持った悪の状態を持っているので「自分を壊さなければいけない」と考えてしまうものです。

エクササイズ

　自分に向けられた怒りの形態のうち、自分に当てはまりそうなものはありますか？　最近の出来事で自分自身を傷つける行為に心あたりはありませんか？

さらなる一歩のために

　自分に向けられた怒りのせいで自分を許すことができないということを修正するのは困難です。自分を許せない人たちは罪悪感や恥といった感情にとらわれ，自分を許すことが難しいのです。罪悪感とは，度を越した行為や他人の権利を侵害したことへの罪の意識です。恥とは，自分の目標に及ばず失敗したことに対する自分の引け目です。自分を許せない人は罪悪感と恥という絡みやすい二つの感情を抱いています。あなたが罪悪感，恥，それに不信などを組み合わせて持っているようであれば，過去は過去，現在は現在として扱うべきなのです。

....

エクササイズ

　どのようにすれば過去を過去のこととして扱えるようになるでしょうか。1つの方法としては，「昔と今は違う」と定期的に自分に向かって儀式のように何度も繰り返してみるといいかもしれません。

　過去に自分のしたことを受け入れ，今の頑張っている自分をほめましょう。

....

結びのことば

さらに怒りに関して本を読み進めたい方のために，私たちが書いた怒りに関する書籍を紹介します。すべて New Harbinger Publications から出ているものです。

- Angry All the Time. 2nd ed. 2005.
  深刻な怒りに関する問題をお持ちの方にはおすすめの書籍です
- Letting Go of Anger. 2nd ed. 2006.
  （藤野京子監訳．アンガーマネジメント　11の方法——怒りを上手に解消しよう．2016．金剛出版）
  怒りの扱い方に関する11の方法を学ぶことができます
- Stop the Anger Now. 2001
  実践的なエクササイズが多く掲載されたワークブックです
- Working Anger. 1998.
  職場での怒りについて学ぶことができます

読者の皆さんが自分の怒りに上手に対処するために，本書で紹介した26の方法を使っていただければ幸いです。自分の怒りを上手に扱えるようになると，ネガティブな思考は減り，平和で平穏で明るい人生になることでしょう。

訳者あとがき

　本書は、私たちの日常生活にありふれた感情のひとつ、「怒り」の簡易的な取り扱い説明書のようなものです。私たち臨床心理士が、普段の心理療法において取り上げるトピックがわかりやすい形で表現されています。本書にもあるように、怒りは敵ではありません。怒りとの付き合い方を見直すことで、怒りは強力な仲間になりうるのです。

　基本的に、本書は心理学的な知識を持つ・持たないに関わらず、広い層の読者の方々でも十分に理解が可能な内容であると考えています。本書のタイトルにある「30分」の意味するところは、本書を30分で読み切ることではなく、自分が気になるトピック（章）を1つ、もしくは2つ選び、1日30分の時間を使って考える時間を設けましょう、ということだと訳者は理解しています。

　最後に、翻訳本の発刊にあたり、翻訳の企画から数年が経過してしまったにも関わらず、辛抱強くお待ちくださった、そして編集、校正にご尽力くださった金剛出版の中村奈々様をはじめ、出版社の皆様に心より感謝申し上げます。

平成29年3月

樫村正美・堀越　勝

[訳者略歴]
堀越　勝（ほりこし　まさる）

1995年　米バイオラ大学大学院　博士（心理学）
1997年　米ハーバード大学医学部精神科上席研究員
2002年　筑波大学大学院人間総合科学研究科専任講師
2008年　駿河台大学大学院心理学研究科　教授
2010年　国立精神・神経医療研究センター認知行動療法センター　研修指導部長
2015年　国立精神・神経医療研究センター認知行動療法センター　センター長
現在に至る

著訳書

堀越勝（2015）感情の「みかた」～つらい感情も，あなたの「味方」になります．いきいき．
堀越勝（2015）ケアする人の対話スキルABCD．日本看護協会出版社．
堀越勝・伊藤正哉（2014）不安とうつの統一プロトコル．不安とうつの統一プロトコル．診断と治療社．
伊藤正哉・樫村正美・堀越勝（2012）こころを癒すノート．創元社．
堀越勝・野村俊明（2012）精神療法の基本：支持から認知行動療法まで．医学書院．
デビット・H・バーロー著／伊藤正哉・堀越勝訳（2012）不安とうつの統一プロトコル―診断を越えた認知行動療法セラピストガイド．診断と治療社．
デビット・H・バーロー著／伊藤正哉・堀越勝訳（2012）不安とうつの統一プロトコル―診断を越えた認知行動療法ワークブック．診断と治療社．
デビット・H・バーロー講演／伊藤正哉・堀越勝監修・執筆（2014）不安とうつの統一プロトコル―バーロウ教授によるクリニカルデモンストレーション．診断と治療社．
他多数

樫村正美（かしむら　まさみ）

2008年　筑波大学大学院人間総合科学研究科博士課程単位取得退学
2008年　筑波大学人間系　助教
2010年　博士（心理学）
2012年　筑波大学医学医療系　助教
2013年　日本医科大学医療心理学教室　講師
現在に至る

著訳書

伊藤正哉・樫村正美・堀越勝（2012）こころを癒すノート．創元社．
クリスティーン・ネフ著／石村郁夫・樫村正美訳（2014）セルフ・コンパッション―あるがままの自分を受け入れる．金剛出版

［著者紹介］

Ronald T. Potte-Efron, PhD, LCSW
アメリカのウィスコンシン州オークレアで開業する心理療法家。怒りのマネジメントを専門とする。『Angry All the Time』の著者であり，『Letting Go of Anger』の共著者。

Patricia S. Potter Efron, MS
アメリカのウィスコンシン州オークレアにあるFirst Things First Counseling Centerに勤める心理療法家。

30分でできる怒りのセルフコントロール

2017年4月20日　印刷
2017年4月30日　発行

著　者　ロナルド T. ポッターエフロン
　　　　パトリシア S. ポッターエフロン
訳　者　堀越　勝・樫村正美
発行者　立石　正信

印刷・製本　音羽印刷
装　丁　臼井新太郎
装　画　縁

発行所　株式会社 金剛出版
　　　　〒112-0005 東京都文京区水道1-5-16
　　　　電話 03-3815-6661

ISBN 978-4-7724-1545-3 C3011　　Printed in Japan©2017

30分でできる不安のセルフコントロール

[著]=マシュー・マッケイ　トロイ・デュフレーヌ
[訳]=堀越勝　樫村正美

●A5判　●並製　●116頁　●定価 **1,800**円+税
● ISBN978-4-7724-1546-0 C3011

不安は誰にでもあるものである。
本書を使いその不安を消すのではなく
上手に付き合っていくためのスキルを学び，
生活を好転させよう。

アンガーマネジメント 11 の方法
怒りを上手に解消しよう

[著]=ロナルド T. ポッターエフロン　パトリシア S. ポッターエフロン
[監訳]=藤野京子

●B5判　●並製　●176頁　●定価 **3,400**円+税
● ISBN978-4-7724-1513-2 C3011

怒りは誰にでもある。それ自体によい，悪いはない。
問題はその感情の処理である。
本書では怒りを 11 種類に分け
それぞれの怒りについて理解を深めていく

パフォーマンスがわかる 12 の理論
「クリエイティヴに生きるための心理学」入門！

[編]=鹿毛雅治

●四六判　●並製　●400頁　●定価 **3,200**円+税
● ISBN978-4-7724-1548-4 C3011

「コストパフォーマンス」や「最高のパフォーマンス」など，
さまざまに使われている「パフォーマンス」を
12 の心理学セオリーで徹底解剖！
好評既刊『モティベーションをまなぶ 12 の理論』の続篇！